Suricata

Grace Hansen

abdopublishing.com

Published by Abdo Kids, a division of ABDO, P.O. Box 398166, Minneapolis, Minnesota 55439.

Printed in the United States of America, North Mankato, Minnesota.

052018

092018

Spanish Translators: Laura Guerrero, Maria Puchol

Photo Credits: iStock, Shutterstock

Production Contributors: Teddy Borth, Jennie Forsberg, Grace Hansen

Design Contributors: Dorothy Toth, Laura Mitchell

Library of Congress Control Number: 2018931851

Publisher's Cataloging-in-Publication Data

Names: Hansen, Grace, author.

Title: Suricata / by Grace Hansen.

Other title: Meerkat. Spanish

Description: Minneapolis, Minnesota : Abdo Kids, 2019. | Series: Animales Africanos | Includes online resources and index.

Identifiers: ISBN 9781532180316 (lib.bdg.) | ISBN 9781532181177 (ebook)

Subjects: LCSH: Meerkats--Juvenile literature. | Mongooses--Juvenile literature. | Zoology--Africa--Juvenile literature. | Spanish language materials--Juvenile literature.

Classification: DDC 599.74--dc23

Contenido

Hábitat

Las suricatas viven en África. Se encuentran en los desiertos y en los pastizales cerca de la punta meridional de África.

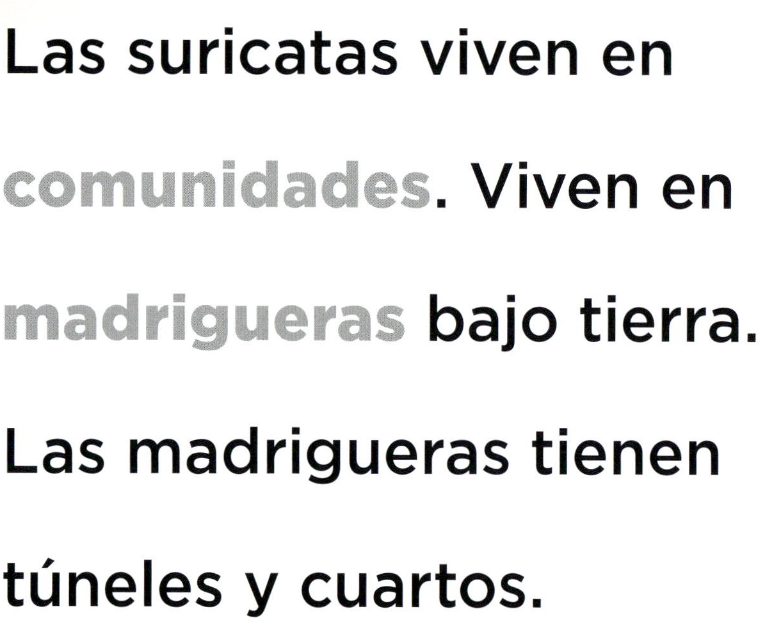

Las suricatas viven en **comunidades**. Viven en **madrigueras** bajo tierra. Las madrigueras tienen túneles y cuartos.

Las **madrigueras** las protegen y mantienen frescas. Los **depredadores**, como las aves, no las pueden atrapar cuando están bajo tierra.

Cuerpo

Las suricatas están recubiertas de pelaje marrón claro. Tienen rayas en la espalda.

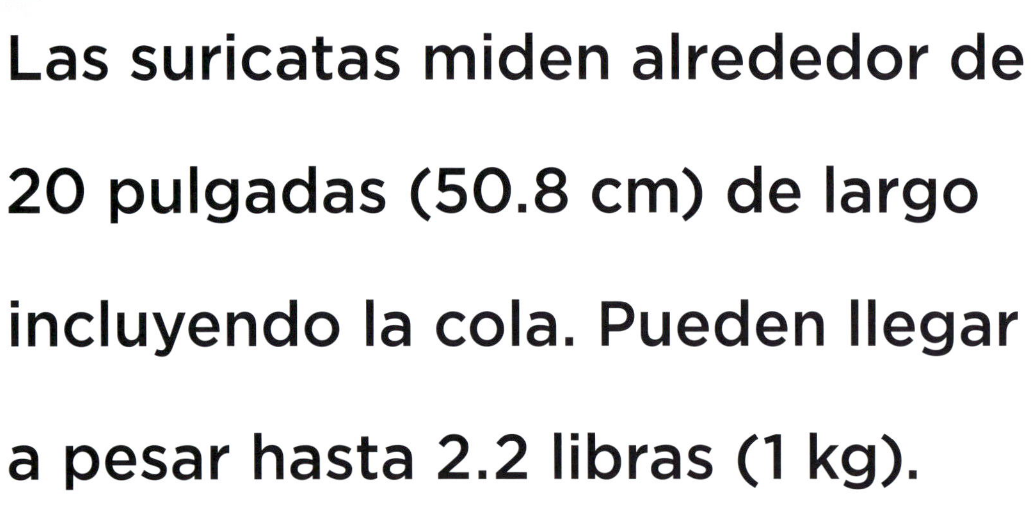

Las suricatas miden alrededor de 20 pulgadas (50.8 cm) de largo incluyendo la cola. Pueden llegar a pesar hasta 2.2 libras (1 kg).

Las suricatas se mueven a cuatro patas. Normalmente se mantienen paradas para vigilar a sus **depredadores**.

Caza y alimentación

Las suricatas son buenas cazadoras. Más que nada comen insectos que pueden encontrar fácilmente. También comen pequeños **roedores** y reptiles.

Crías de suricata

Nacen de 2 a 4 crías cada vez. Las crías de suricata se llaman cachorros. Los cachorros son muy pequeños. Los mantienen fuera de peligro en la **madriguera**.

A las 4 semanas de edad, los cachorros salen de la **madriguera** por primera vez. El grupo ayuda a criar a los cachorros. ¡Les enseñan a cazar, a mantenerse fuera de peligro y a jugar!

Más datos

- Las suricatas tienen garras largas y afiladas. Las usan para cavar sus **madrigueras** y buscar alimento.

- Las hembras normalmente son más grandes y fuertes que los machos. Las hembras dirigen la **comunidad**. Cada comunidad tiene alrededor de 40 a 50 suricatas.

- Las suricatas trabajan en conjunto para protegerse. Una suricata tiene el trabajo de vigilante. Encuentra una zona alta para vigilar a los **depredadores**. Si ve un depredador, hace un ruido fuerte para avisar a las otras y que puedan esconderse.

Glosario

comunidad – grupo de animales que viven juntos.

depredador – animal que caza otros animales para comer.

madriguera – hoyo o túnel cavado por un animal pequeño.

roedor – animal pequeño que mordisquea con dos dientes frontales grandes.

Índice

¡Visita nuestra página **abdokids.com** y usa este código para tener acceso a juegos, manualidades, videos y mucho más!